어린이 제자훈련 ● (고학년용) **1**

바울학교

어린이 제자훈련 **고학년용 1 – 학생용**

바울학교

초판 1쇄 발행 2009년 1월 9일
초판 18쇄 발행 2024년 2월 20일

지은이 사랑의교회 어린이 주일학교

펴낸이 오정현
펴낸곳 국제제자훈련원
등록번호 제2013-000170호(2013년 9월 25일)
주소 서울시 서초구 효령로68길 98(서초동)
전화 02-3489-4300 **팩스** 02-3489-4329
이메일 dmipress@sarang.org

ISBN 978-89-5731-339-8 03230

우리가 바울학교를 하는 이유

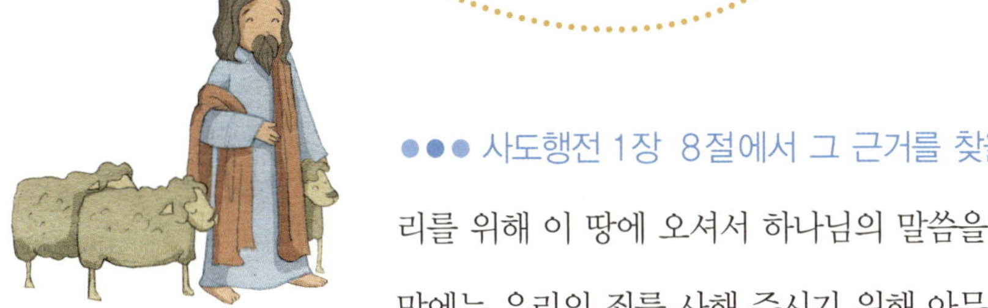

●●● **사도행전 1장 8절에서 그 근거를 찾을 수 있습니다.** 우리를 위해 이 땅에 오셔서 하나님의 말씀을 알려 주시고 마지막에는 우리의 죄를 사해 주시기 위해 아무런 죄 없이 십자가에 못 박혀 돌아가신 예수님! 그 예수님께서 다시금 살아나셔서 승천하시기 전에 성령님을 선물로 주셨습니다. 그 성령님을 통해 우리는 새 힘을 가지고 살아갈 수 있게 되었습니다. 그 첫 번째 증인들이 바로 사도행전에 나와 있는 사도들과 사람들입니다.

모든 사람이 성령님을 만날 수 있는 것은 아니었어요. 택함 받은 사람들만이 성령님을 만남으로 커다란 선물을 받고 큰일을 행할 수 있었습니다. 그 선택 받은 주인공 중에 여러분이 있습니다. 예수님을 믿고 그 말씀대로 살기를 다짐하는 여러분에게 성령님을 주셨고 그 기쁨과 능력으로 살아갈 수 있는 특권을 허락하셨답니다.

예수님을 통해 제자되기로 다짐한 친구들에게 성령님께서 오늘도 명령하고 계세요.

"오직 성령이 너희에게 임하시면 너희가 권능을 받고 예루살렘과 온 유대와 사마리아와 땅 끝까지 이르러 내 증인이 되리라 하시니라" (사도행전1 : 8)

아직은 작고 어리지만 예수님의 말씀을 따르는 작은 제자로서 성령님을 의지한다면 3천 명, 5천 명을 전도한 베드로처럼, 땅 끝 로마까지 복음을 전한 바울처럼 예수님의 증인이 될 수 있습니다. 예수님의 제자가 되기로 다짐한 초등부 친구들이 복음의 증인으로 세워지는 바울학교를 통해 땅 끝까지 복음을 전하는 복음의 일꾼이 되기를 바랍니다. 분명히 하나님은 여러분을 통해 커다란 꿈을 꾸시고 기대하고 계시답니다.

목차

1 **시간은 금보다 귀합니다.** 시간이 남아서 제자훈련을 받는 사람은 아무도 없습니다. 자기의 시간을 하나님께 바치는 것이니 만큼 제자훈련 시간이 아깝지 않게 최선을 다해 주시기 바랍니다.

2 **제자훈련을 최우선으로 생각합시다!** 말 그대로 제자훈련은 훈련입니다. 장난이 아닙니다. 예수님의 제자들은 자기의 모든 것을 버려두고 예수님을 좇았다고 합니다. 여러분도 해야 할 일이 많이 있지만 여러분의 마음속에 제자훈련을 최우선으로 생각하고 자신의 생활을 맞춰보세요. 분명히 변화가 일어날 겁니다. 기대하세요!

3 **지각, 결석, 조퇴. 하지 마세요!** 교회는 공동체입니다. 혼자가 아니라 함께하는 세상입니다. 한 사람 때문에 공동체가 힘들어지지 않도록 최선을 다합시다. 아프지도 마세요!

4 **말씀과 기도로 무장하세요!** 우리가 제자훈련을 하기 시작하면 하나님은 기뻐하시지만 사탄은 싫어할 겁니다. 여러분을 어떻게 하든지 제자훈련을 못 받게 하려고 온갖 방법으로 괴롭힐 겁니다. 그 때에 하나님의 말씀과 기도로 무장되어 있으면 아무 걱정 없습니다. 충분히 이겨낼 수 있습니다. 매일 매일 성경말씀과 기도로 하루를 시작하고 마무리 하세요. 승리는 여러분의 것입니다.

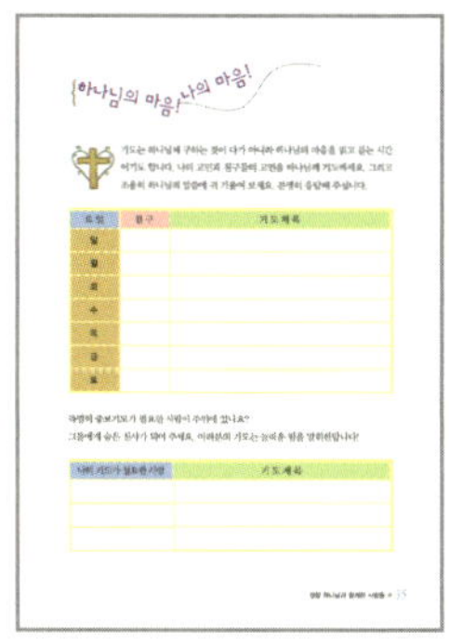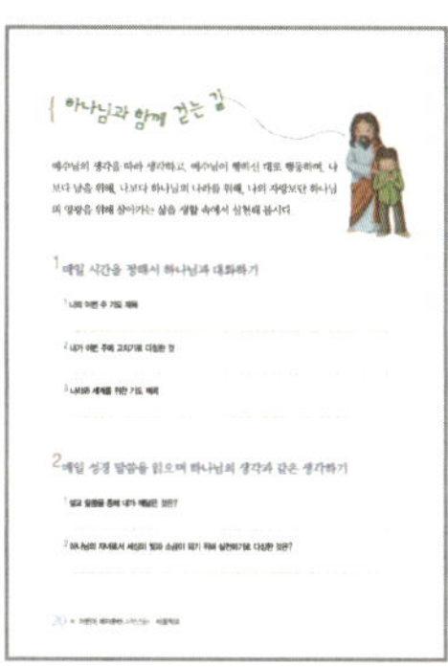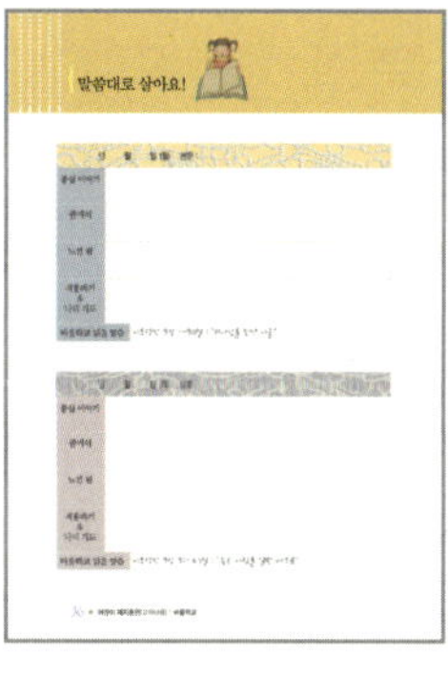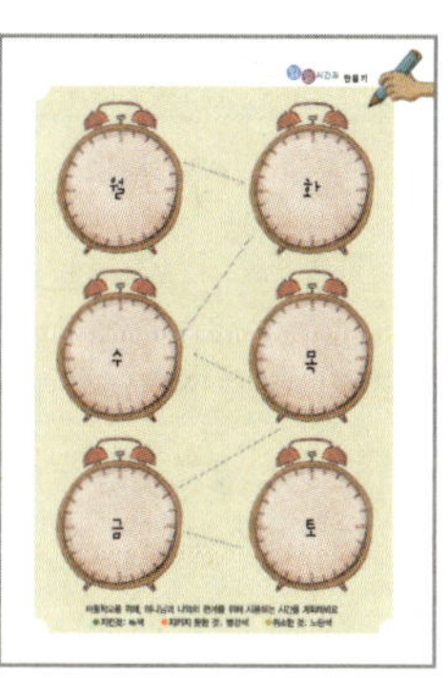

5 **예습을 철저히 합시다!** 예습도 하지 않고 제자훈련에 오면 아무 소용이 없습니다. 왜냐고요? 정답 적고 있을 시간이 없어요. 우리의 생활을 나눠야 하는데 언제 답이나 적고 있겠어요. 집에서 미리 예습을 충분히 해오셔야 합니다. 부모님과 함께!

6 **교재를 소중히 다룹시다!** 왜냐고요? 잃어버리면 다시 받을 수 없기 때문입니다. 왜 안 주냐고요? 그것도 훈련 과정 중의 하나이기 때문에 그렇습니다.

1 Who are you?

† 선생님의 성함은 무엇인가요?

....

† 어디에 사세요?

....

† E-mail 주소도 가르쳐 주세요.

....

† 우리에게 바라시는 점을 말씀해 주세요.

....

† 선생님은 뭘 좋아하세요?

....

† 선생님께서 가장 좋아하시는 성경말씀은 무엇인가요?

....

† 선생님, 예수님을 믿으면서 가장 행복했던 일을 알려 주세요.

....

....

....

† 이름은 ?

† 어디에 사니?

† E-mail 주소는?

† 메신저는?

† 취미나 특기는?

† 지금까지 살면서 가장 기뻤던 일은?

† 기도 제목은?

† 이름은 ?

† 어디에 사니?

† E-mail 주소는?

† 메신저는?

† 취미나 특기는?

† 지금까지 살면서 가장 기뻤던 일은?

† 기도 제목은?

† 이름은 ?

† 어디에 사니?

† E-mail 주소는?

† 메신저는?

† 취미나 특기는?

† 지금까지 살면서 가장 기뻤던 일은?

† 기도 제목은?

† 이름은 ?

† 어디에 사니?

† E-mail 주소는?

† 메신저는?

† 취미나 특기는?

† 지금까지 살면서 가장 기뻤던 일은?

† 기도 제목은?

† 이름은 ?

† 어디에 사니?

† E-mail 주소는?

† 메신저는?

† 취미나 특기는?

† 지금까지 살면서 가장 기뻤던 일은?

† 기도 제목은?

† 이름은 ?

† 어디에 사니?

† E-mail 주소는?

† 메신저는?

† 취미나 특기는?

† 지금까지 살면서 가장 기뻤던 일은?

† 기도 제목은?

2 나는 제자훈련을 왜 신청하게 되었나요?

3 여러분의 가족에 대해 알고 싶어요. 서로 이야기를 나누어 봅시다.

4 예수님을 믿은 후 언제 가장 기뻤나요? 그때 무슨 일로 그렇게 기뻤는지
이야기해 봅시다.

친구들을 위해 내가 해야 할 일이 무엇인지 생각하고 적어 봅시다.

사도행전은 어떤 책일까?

사도행전 1장 1~6절

사도행전을 통해서 우리는 예수님이 가르쳐 주신 복음이 사도행전 1장 8절처럼, 예루살렘을 지나 유대와 사마리아와 온 세상으로 퍼져 나가는 것을 관찰할 수 있습니다. 또 사도행전에서 가장 중요한 두 인물, 베드로와 바울을 중심으로 예수님의 복음이 활발하게 전파되는 모습을 생생하게 볼 수 있습니다. 사도행전으로 신나는 여행을 떠나 봅시다.

1 이 책은 누가 누구에게 쓴 것일까요? (사도행전 1:1)

☐☐ 가 ☐☐☐☐ 에게

2 이 책을 쓰게 된 이유는 무엇일까요?

(1) 사도행전 1:8

____

____

____

(2) 사도행전에서 가장 중요한 인물, 두 사람은?

☐☐☐ 와 ☐☐

(3) 다음 성경 구절을 찾아서 읽고 빈 칸을 채워 봅시다.

사도행전 6:7　하나님의 말씀이 점점 왕성하여 □□□□ 에 있는
제자의 수가 더 심히 많아지고 허다한 제사장의 무리도 이 도에 복종하니라

사도행전 9:31　그리하여 온 □□ 와 □□□ 와
□□□□ 교회가 평안하여 든든히 서 가고 주를
경외함과 성령의 위로로 진행하여 수가 더 많아지니라

사도행전 12:24 하나님의 말씀은 □□ 하여 더하더라

사도행전 16:5　이에 여러 교회가 믿음이 더 □□□□□ 수가
날마다 늘어가니라

사도행전 19:20 이와 같이 주의 말씀이 힘이 있어 □□□□
세력을 얻으니라

사도행전 28:31 □□□ 의 나라를 전파하며
주 □□ □□□□ 에 관한 모든 것을 담
대하게 거침없이 가르치더라

3 다음 성경 구절을 찾아서 읽고 사도행전은

어떤 하나님을 통해 인도될 수 있었는지 적어 봅시다.

    ★ 2:3~4

    ★ 4:23~31

    ★ 5:1~11

    ★ 8:14~17

    ★ 10:44~48

    ★ 13:1~4

    ★ 15:28

    ★ 16:6~7

    ★ 19:1~6

    ★ 20:22~23, 21:11

    ★ 20:28

- -

                           □ □ 하나님

4 사도행전에서 성령이란 말이 다른 책에 비해 얼마나 많이 나올까요? 아래 칸을

채워 비교해 봅시다.

	마태복음	마가복음	누가복음	요한복음	사도행전
영	12		27		28
성령		4	11	4	31
합 계	17	23	38	21	

5 지금까지 배운 것을 생각해 보며 아래의 빈칸을 채워 봅시다.

(1) 사도행전을 지은 사람의 이름은 무엇인가요?

☐ ☐

(2) 사도행전에서 가장 중요한 성경구절은 어디인가요? 찾아서 다함께 외워 봅시다.

사도행전 ☐ : ☐

(3) 사도행전에서 가장 중요한 인물 두 사람은 누구인가요?

☐ ☐ ☐ 와 ☐ ☐

(4) 사도행전에서 훨씬 더 많이 나타나는 하나님은 어느 하나님이신가요?

☐ ☐ 하나님

(6) 지금까지 배운 것을 종합해 봅시다. 아래의 빈 칸을 채우세요.

☐ ☐ 가 ☐ ☐ ☐ ☐ 를 위해 쓴 ☐ ☐ ☐ ☐ 은

☐ 장 ☐ 절에서의 예수님의 ☐ ☐ ☐ ☐ 에 따라

☐ ☐ 이 ☐ ☐ ☐ 과 ☐ ☐ ☐ 와

☐ ☐ ☐ ☐ 와 ☐ ☐ 까지 이르는 것이 하나님의 뜻이며

약속이라는 것을 알게 하는 성경입니다.

내가 한다고 생각하던 일들이 결국은 성령님께서 하시는 일이라는 것을 배웠습니다. 내가 성령님의 일하심에 참여하는 방법은 기도로 그분의 뜻에 따르는 것입니다.

★ **준비물** 각 반별로 아이들 숫자만큼 다른 색깔의 종이(초등부에서 준비해 준다.)

★ **방법**

① 내가 버려야 할 행동과 실천해야 할 행동을 종이에 적습니다.

② 적은 후 준비된 '행동의 쓰레기통'에 종이를 넣습니다.

③ 그리고 한 주 동안 다짐한 것을 지킵니다. 잘 지키면 종이를 '행동의 쓰레기통'에서 꺼내 '실천의 보석함'으로 옮깁니다. 지키지 못했으면 계속 '행동의 쓰레기통'에 넣어둡니다.

내가 하나님께 맡기지 못하고 스스로 붙잡고 있던 일들은 무엇이 있나요?(버리기)	이제부터 성령님의 뜻대로 살려면 내가 해야 하는 일은 무엇인가요?(다짐하기)

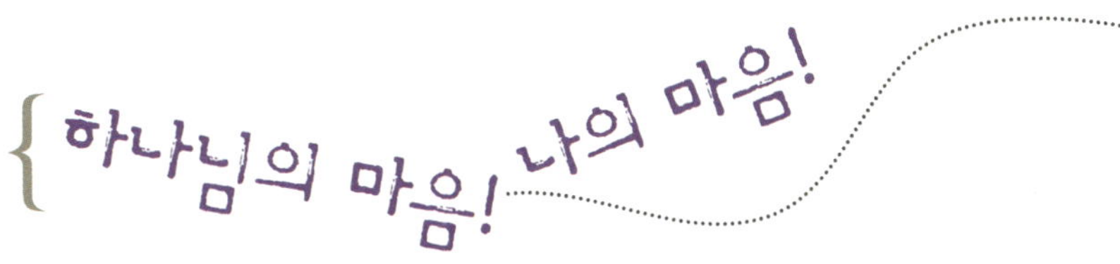

기도는 하나님께 구하는 것이 다가 아니라 하나님의 마음을 읽고 듣는 시간이기도 합니다. 나의 고민과 친구들의 고민을 하나님께 기도하세요. 그리고 조용히 하나님의 말씀에 귀 기울여 보세요. 분명히 응답해 주십니다.

요 일	친 구	기 도 제 목
일		
월		
화		
수		
목		
금		
토		

특별히 중보기도가 필요한 사람이 주위에 있나요?

그들에게 숨은 천사가 되어 주세요. 여러분의 기도는 놀라운 힘을 발휘한답니다!

나의 기도가 필요한 사람	기 도 제 목

{ 하나님과 함께 걷는 길

예수님의 생각을 따라 생각하고, 예수님이 행하신 대로 행동하며, 나보다 남을 위해, 나보다 하나님의 나라를 위해, 나를 자랑하기보다 하나님의 영광을 위해 사는 삶을 위해 다음을 실천해 봅시다.

1 매일 시간을 정해서 하나님과 대화하기

1 나의 이번 주 기도 제목

2 내가 이번 주에 고치기로 다짐한 것

3 나라와 세계를 위한 기도 제목

2 매일 성경 말씀을 읽으며 하나님의 생각과 같은 생각하기

1 설교 말씀을 통해 내가 깨달은 것?

2 하나님의 자녀로서 세상의 빛과 소금이 되기 위해 실천하기로 다짐한 것?

{ 말씀대로 살아요!

년 월 일 (월) 본문 :	
중심 이야기	
줄거리	
느낀 점	
적용하기 & 나의 기도	
바울학교 읽을 말씀	사도행전 1장 : "예수님의 승천"

년 월 일 (화) 본문 :	
중심 이야기	
줄거리	
느낀 점	
적용하기 & 나의 기도	
바울학교 읽을 말씀	사도행전 2장 : "오순절에 임한 성령 하나님"

년 월 일 (수) 본문 :	
중심 이야기	
줄거리	
느낀 점	
적용하기 & 나의 기도	
바울학교 읽을 말씀	사도행전 3~4장 : "사도 베드로"

년 월 일 (목) 본문 :	
중심 이야기	
줄거리	
느낀 점	
적용하기 & 나의 기도	
바울학교 읽을 말씀	사도행전 5장 : "박해받는 사도들"

년 월 일 (금) 본문 :	
중심 이야기	
줄거리	
느낀 점	
적용하기 & 나의 기도	
바울학교 읽을 말씀	사도행전 6~7장 : "스데반 집사의 순교"

년 월 일 (토) 본문 :	
중심 이야기	
줄거리	
느낀 점	
적용하기 & 나의 기도	
바울학교 읽을 말씀	사도행전 8장 : "이방인에게 전해지는 복음"

바울학교를 위해, 하나님과 나와의 관계를 위해 사용하는 시간을 계획해 봐요.
● 지킨 것: 녹색　● 지키지 못한 것: 빨강색　● 취소한 것: 노란색

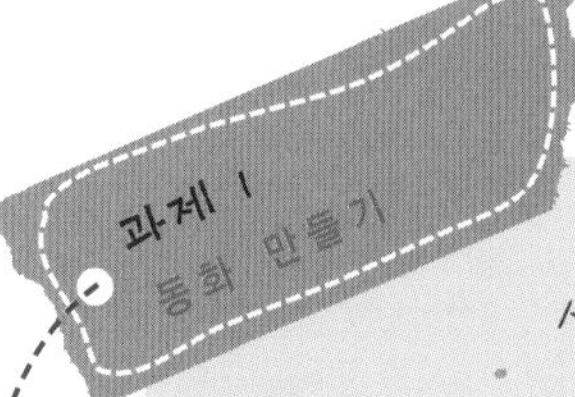

성경 동화를 만들어 봐요

사도행전 6~7장에 나오는 스데반 집사님의 이야기를 요약해서 여러분이 직접 동화로 만들어 보세요. 여러분이 가지고 있는 창조력과 상상력을 다 동원해서 재미있고 이해하기 쉬운 멋진 성경 동화를 만들어 보세요.

2과

성령 하나님과 함께한 사람들

사도행전 1~8장

오직 성령이 너희에게 임하시면 너희가 권능을 받고 예루살렘과 온 유대와 사마리아와 땅 끝까지 이르러 내 증인이 되리라 하시니라 ▪ 사도행전 1:8

사도행전에는 예수님께서 약속하신 성령 하나님이 하신 일이 많이 나옵니다. 예수
님이 부활하신 후 40일 만에 승천하셨습니다. 그러나 예수님은 이미 말씀하신 대로
제자들과 여러 교회들을 고아와 같이 버려두지 않으시고 진리를 깨닫게 하시며, 세
월이 지나더라도 진리의 복음이 변하지 않도록 사람들의 마음 가운데에 성령을 부
어 주셨습니다.
성령 하나님의 능력을 받은 초대교회 사람들은 담대하게 복음을 외치며, 예수님이
가르쳐 주신 말씀대로 살았답니다.

✝ 성령 하나님을 보내시기로 약속하신 하나님

(사도행전 1:8)

1 사도행전 1장 6절에 보면 제자들은 어디에 관심을 가지고 예수님께 질문을 했
나요?

2 이에 대해 예수님은 뭐라고 대답하셨나요? (사도행전 1:7-8)

3 사도행전 1장 6~8절을 다시 한 번 깊이 묵상하고 예수님의 말씀은 제자들에게 어떤 의미를 주고 계신지 생각해 봅시다.

✝ 약속대로 오신 성령 하나님

4 오순절에 성령 하나님이 오신 이유는 무엇일까요? (사도행전 2:5-7)

5 성령 하나님이 오시자 어떤 일이 일어났나요? (사도행전 2:4)

6   베드로의 설교 이후에 어떤 일이 일어났나요?

★ 사도행전 2:37

★ 사도행전 2:41

★ 사도행전 2:43

7   성령을 받은 초대교회 성도들의 모습과 오늘날 우리의 모습을 비교해 보세요. 어떤 점이 다른가요? (사도행전 2:44-47)

8   성령을 받은 사도들은 어떻게 변화 되었나요? (사도행전 5:41-42)

✝ 성령 하나님으로 충만한 초대교회 집사들

9 사도들은 왜 교회에 집사들을 뽑게 되었나요? (사도행전 6:1-7)

10 초대교회의 집사들은 사도들처럼 성령을 받고서는 담대함을 얻었습니다. 스데반 집사는 유대인들과 대화를 하다가 어떻게 되었나요? (사도행전 7:54-60)

11 스데반 집사의 죽음은 예루살렘 교회를 어떻게 만들었나요? 그리고 결국에는 어떤 결과를 만들었나요?

★ 사도행전 8:1

★ 사도행전 8:4

✝ 성령 하나님과 함께하기

12 마술사 시몬은 성령을 받으면 기적을 일으킨다는 것에 관심이 있었습니다.
그래서 어떻게 되었나요? (사도행전 8:18-20)

13 그럼 우리는 어떻게 해야 성령 하나님을 선물로 받을 수 있을까요?

(사도행전 2:38)

14 자신의 믿음을 돌아봅시다. 나는 과연 성령 하나님과 함께하는 사람일까? 나는 복음을 부끄러워하지 않고 자랑스러워하는지, 그리고 담대히 전도를 하며 사는지 돌아봅시다.

내가 교회를 다니고 하나님의 자녀라고 말하면서도 지키지 못했던 행동이 무엇인지 생각해 봅시다. 그리고 버려야 할 행동과 힘들지만 지켜야 하는 행동을 생각해서 적어 봅시다.

★ **준비물** 각 반별로 아이들 숫자만큼 다른 색깔의 종이(초등부에서 준비해 준다.)

★ **방법**

① 내가 버려야 할 행동과 실천해야 할 행동을 종이에 적습니다.

② 적은 후 준비된 종이를 '행동의 쓰레기통'에 넣습니다.

③ 그리고 한 주 동안 다짐한 것을 지킵니다. 잘 지키면 종이를 '행동의 쓰레기통'에서 꺼내 '실천의 보석함'으로 옮깁니다. 지키지 못했으면 계속 '행동의 쓰레기통'에 넣어둡니다.

하나님의 자녀라고 말하면서 지키지 못했던 점	힘들지만 꼭 지켜야 할 행동

기도는 하나님께 구하는 것이 다가 아니라 하나님의 마음을 읽고 듣는 시간이기도 합니다. 나의 고민과 친구들의 고민을 하나님께 기도하세요. 그리고 조용히 하나님의 말씀에 귀 기울여 보세요. 분명히 응답해 주십니다.

요 일	친 구	기 도 제 목
일		
월		
화		
수		
목		
금		
토		

특별히 중보기도가 필요한 사람이 주위에 있나요?

그들에게 숨은 천사가 되어 주세요. 여러분의 기도는 놀라운 힘을 발휘한답니다!

나의 기도가 필요한 사람	기 도 제 목

예수님의 생각을 따라 생각하고, 예수님이 행하신 대로 행동하며, 나보다 남을 위해, 나보다 하나님의 나라를 위해, 나를 자랑하기보다 하나님의 영광을 위해 사는 삶을 위해 다음을 실천해 봅시다.

1 매일 시간을 정해서 하나님과 대화하기

1 나의 이번 주 기도 제목

2 내가 이번 주에 고치기로 다짐한 것

3 나라와 세계를 위한 기도 제목

2 매일 성경 말씀을 읽으며 하나님의 생각과 같은 생각하기

1 설교 말씀을 통해 내가 깨달은 것은?

2 하나님의 자녀로서 세상의 빛과 소금이 되기 위해 실천하기로 다짐한 것은?

년 월 일 (월) 본문 :	
중심 이야기	
줄거리	
느낀 점	
적용하기 & 나의 기도	
바울학교 읽을 말씀	사도행전 9장 1~30절 : "하나님을 만난 사울"

년 월 일 (화) 본문 :	
중심 이야기	
줄거리	
느낀 점	
적용하기 & 나의 기도	
바울학교 읽을 말씀	사도행전 9장 31~43절 : "죽은 사람을 살린 베드로"

년 월 일 (수) 본문 :	
중심 이야기	
줄거리	
느낀 점	
적용하기 & 나의 기도	
바울학교 읽을 말씀	사도행전 10장 1~22절 : "천사를 만난 고넬료"

년 월 일 (목) 본문 :	
중심 이야기	
줄거리	
느낀 점	
적용하기 & 나의 기도	
바울학교 읽을 말씀	사도행전 10장 23~48절 : "세례를 받는 고넬료"

년　월　일 (금)	본문 :
중심 이야기	
줄거리	
느낀 점	
적용하기 & 나의 기도	
바울학교 읽을 말씀	사도행전 11장 1~18절 : "베드로의 전도 보고"

년　월　일 (토)	본문 :
중심 이야기	
줄거리	
느낀 점	
적용하기 & 나의 기도	
바울학교 읽을 말씀	사도행전 11장 19~12장 25절 : "안디옥에 퍼져가는 복음"

바울학교를 위해, 하나님과 나와의 관계를 위해 사용하는 시간을 계획해 봐요.
● 지킨 것: 녹색　● 지키지 못한 것: 빨강색　● 취소한 것: 노란색

나의 믿음? 나의 고백!

예수님을 믿으면서 우리는 많은 일을 겪게 됩니다. 예수님을 믿지 않는 가정에서 혼자 믿는 친구들은 어려움을 더 많이 겪게 되죠. 그 외에도 우리는 예수님을 사랑하게 되면서 세상으로부터 따돌림을 당하기도 합니다. 그런 경험을 (1) 우리가 다시 한 번 떠올려 보고 그럴 때, (2) 나의 믿음은 어떻게 행동하기로 결심하였는지, 그리고 (3) 하나님이 나의 믿음을 보시고 어떤 결과를 허락해 주셨는지 적어 봅시다.

(1) 예수님 때문에 했던 경험

....

....

....

(2) 예수님 때문에 내가 선택한 방법

....

....

....

(3) 결과(예수님이 어떻게 도와주셨나요?)

....

....

....

3과

이방에 퍼지는 하나님의 복음

사도행전 9~12장

주께서 이르시되 가라 이 사람은 내 이름을 이방인과 임금들과 이스라엘 자손들에게 전하기 위하여 택한 나의 그릇이라 ▪ 사도행전 9:15

하나님께서는 이방인에게 복음을 전하기 위해 예수님을 믿는 사람들을 핍박하던 사울을 선택하셨습니다. 사울은 다메섹에서 하나님을 만나게 되죠. 그리고는 변화를 받아 오히려 예수님을 전하는 사람이 됩니다. 이름도 사울에서 바울로 바뀌게 되죠. 한편 베드로는 이방인인 이탈리아의 군대 백부장에게 하나님의 말씀, 복음을 전하는 경험을 하게 됩니다. 이 일로 베드로는 이방인에게도 복음을 전해야 한다는 것을 알았고, 이방인에게도 성령님이 함께 하신다는 놀라운 체험을 하게 되었으며, 이것이 바로 하나님의 뜻이라는 것을 깨닫게 되었습니다.

✝ 이방인을 위한 빛, 바울

1 사울은 원래 어떤 사람이었나요? (사도행전 8:1, 3)

2 사울은 왜 다메섹의 여러 회당으로 가려고 했나요? (사도행전 9:2)

3 다메섹으로 가던 길에 사울은 무엇을 보게 되었나요? (사도행전 9:3-9)

□ = □□□

4 사울이 빛 되신 예수님을 만난 후 어떻게 변화 되었나요? (사도행전 9:19-22)

5 예수님을 만나면 사울처럼 모든 것이 변하게 되어 있답니다. 여러분은 어떤가
요? 예수님을 만났나요? 그렇다면 자신이 어떻게 변화되었는지 이야기해 봅
시다.

✝ 이방인도 마땅히 들어야 할 복음

6 욥바에서 베드로는 어떤 기적을 보여 주었나요? (사도행전 9:32-42)

7 하나님은 베드로에게 어떤 환상을 보여 주셨나요? (사도행전 10:9-16)

8 고넬료는 어떤 사람인가요? (사도행전 10:1)

□□□□ 라 하는 군대의

□□□

9 이방인인 고넬료에게 복음을 전하는 것을 베드로는 어떻게 생각하고 있었나요?

(사도행전 10:28, 45)

10 베드로의 설교가 끝나자 어떤 일이 일어났나요? (사도행전 10:44-48)

11 여러분은 어떤가요? 베드로처럼 복음을 들을 사람, 듣지 못할 사람을 구분하지는 않나요? 이야기해 봅시다.

† 누구도 막을 수 없는 하나님의 복음

12 베드로가 이방인들과 함께 거하고 식사를 했다는 이유로 유대인들이 야단이었습니다. 그러자 베드로는 뭐라고 말했나요? (사도행전 11:17)

13 그 때 헤롯왕은 무슨 일을 벌였나요? (사도행전 12:1-2)

14 이에 덩달아 신이 난 유대인들은 베드로를 어떻게 했나요? (사도행전 12:2)

15　베드로가 잡히자 예루살렘 교회 성도들은 어떻게 했나요? (사도행전 12:5)

16　감옥에 갇힌 베드로에게 어떤 일이 일어났나요? (사도행전 12:7~19)

17　교회를 핍박하던 헤롯 왕은 결국 어떻게 되었나요? (사도행전 12:23)

18　그리고 하나님의 말씀은 어떻게 되나요? (사도행전 12:24)

19　복음은 그 누구도 막을 수 없습니다. 하나님이 우리에게 주신 이 복음을 어떻게 할 것인지 말해 봅시다.

하나님의 복음이 전파되는 것을 막았던 적은 없었나요? 있었다면 언제였나요?
하나님의 복음을 전파하기 위해 내가 해야 할 일을 생각하고 적어 봅시다.

★ **준비물** 각 반별로 아이들 숫자만큼 다른 색깔의 종이(초등부에서 준비해 준다.)

★ **방법**

① 내가 버려야 할 행동과 실천해야 할 행동을 종이에 적습니다.

② 적은 후 종이를 '행동의 쓰레기통'에 넣습니다.

③ 그리고 한 주 동안 다짐한 것을 지킵니다. 잘 지키면 종이를 '행동의 쓰레기통'에서 꺼내
'실천의 보석함'으로 옮깁니다. 지키지 못했으면 계속 '행동의 쓰레기통'에 넣어둡니다.

버려야 할 행동	실천해야 할 행동

기도는 하나님께 구하는 것이 다가 아니라 하나님의 마음을 읽고 듣는 시간이기도 합니다. 나의 고민과 친구들의 고민을 하나님께 기도하세요. 그리고 조용히 하나님의 말씀에 귀 기울여 보세요. 분명히 응답해 주십니다.

요 일	친 구	기 도 제 목
일		
월		
화		
수		
목		
금		
토		

특별히 중보기도가 필요한 사람이 주위에 있나요?

그들에게 숨은 천사가 되어 주세요. 여러분의 기도는 놀라운 힘을 발휘한답니다!

나의 기도가 필요한 사람	기 도 제 목

{ 하나님과 함께 걷는 길

예수님의 생각을 따라 생각하고, 예수님이 행하신 대로 행동하며, 나보다 남을 위해, 나보다 하나님의 나라를 위해, 나를 자랑하기보다 하나님의 영광을 위해 사는 삶을 위해 다음을 실천해 봅시다.

1 매일 시간을 정해서 하나님과 대화하기

1 나의 이번 주 기도 제목

2 내가 이번 주에 고치기로 다짐한 것

3 나라와 세계를 위한 기도 제목

2 매일 성경 말씀을 읽으며 하나님의 생각과 같은 생각하기

1 설교 말씀을 통해 내가 깨달은 것은?

2 하나님의 자녀로서 세상의 빛과 소금이 되기 위해 실천하기로 다짐한 것은?

년 월 일 (월) 본문 :	
중심 이야기	
줄거리	
느낀 점	
적용하기 & 나의 기도	
바울학교 읽을 말씀	사도행전 13장 1~12절 : "바예수와 바울"

년 월 일 (화) 본문 :	
중심 이야기	
줄거리	
느낀 점	
적용하기 & 나의 기도	
바울학교 읽을 말씀	사도행전 13장 13~52절 : "비시디아 안디옥 전도"

	년 월 일 (수) 본문:
중심 이야기	
줄거리	
느낀 점	
적용하기 & 나의 기도	
바울학교 읽을 말씀	사도행전 14장 1~7절 : "이고니온 전도"

	년 월 일 (목) 본문:
중심 이야기	
줄거리	
느낀 점	
적용하기 & 나의 기도	
바울학교 읽을 말씀	사도행전 14장 8~28절 : "루스드라 전도"

년　월　일 (금)　본문 :	
중심 이야기	
줄거리	
느낀 점	
적용하기 & 나의 기도	
바울학교 읽을 말씀	사도행전 15장 1~21절 : "예루살렘 회의"

년　월　일 (토)　본문 :	
중심 이야기	
줄거리	
느낀 점	
적용하기 & 나의 기도	
바울학교 읽을 말씀	사도행전 15장 22~35절 : "안디옥에 다시 파견된 바울과 바나바"

바울학교를 위해, 하나님과 나와의 관계를 위해 사용하는 시간을 계획해 봐요.
● 지킨 것: 녹색   ● 지키지 못한 것: 빨강색   ● 취소한 것: 노란색

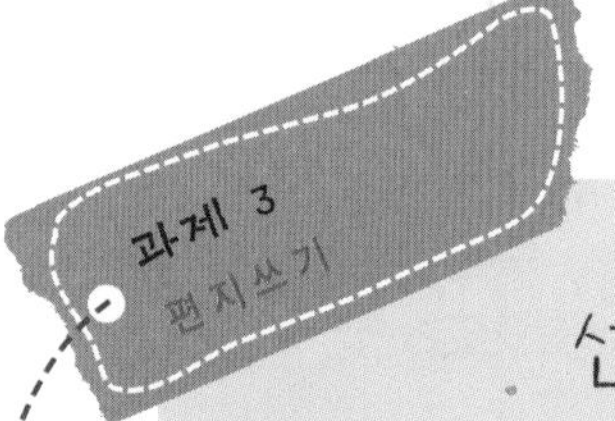

선교사님께 드리는 편지

내가 선택한 나라에서 복음을 전하는 선교사님들에게 감사의 편지를 보내 주세요.

● 참조하세요. (www.gms.or.kr, www.gms.kr)

사도행전 13:2~14:28 | AD 48년 4월~49년 9월
안디옥 (출발)
13:3
AD 48년 4월
안디옥 교회에서
파송됨
14:27
AD 49년 9월
교회에 보고함
AD 49년 가을
갈라디아서 기록
실루기아
13:3
수리아
이스라엘
살라미
13:5
AD 48년 4월
살라미에서
설교함
구브로
(키프로스)
바보
13:6
바울이
바예수의
눈을
멀게함
버가
더베
14:20~21
많은 사람들이 믿음
루스드라
14:6~19
AD 49년 3월~6월
절름발이를 고침
바울은 해를, 바나바는
쓰스드라고 불림
이고니온
13:15~14:5
AD 48년 10월~49년 2월
회당에서 설교함
도시에서 쫓겨남
(터키)
비시디아
안디옥
13:14~50
바울이 회당에서 설교함
유대인에 의해 쫓겨남
이달리아
14:25~50
AD 49년 8월
수리아에 있는
안디옥으로
떠남
아시아
흑해
에게해
아가야
(그리스)
그레데 (크레타)
애굽 (이집트)
지중해

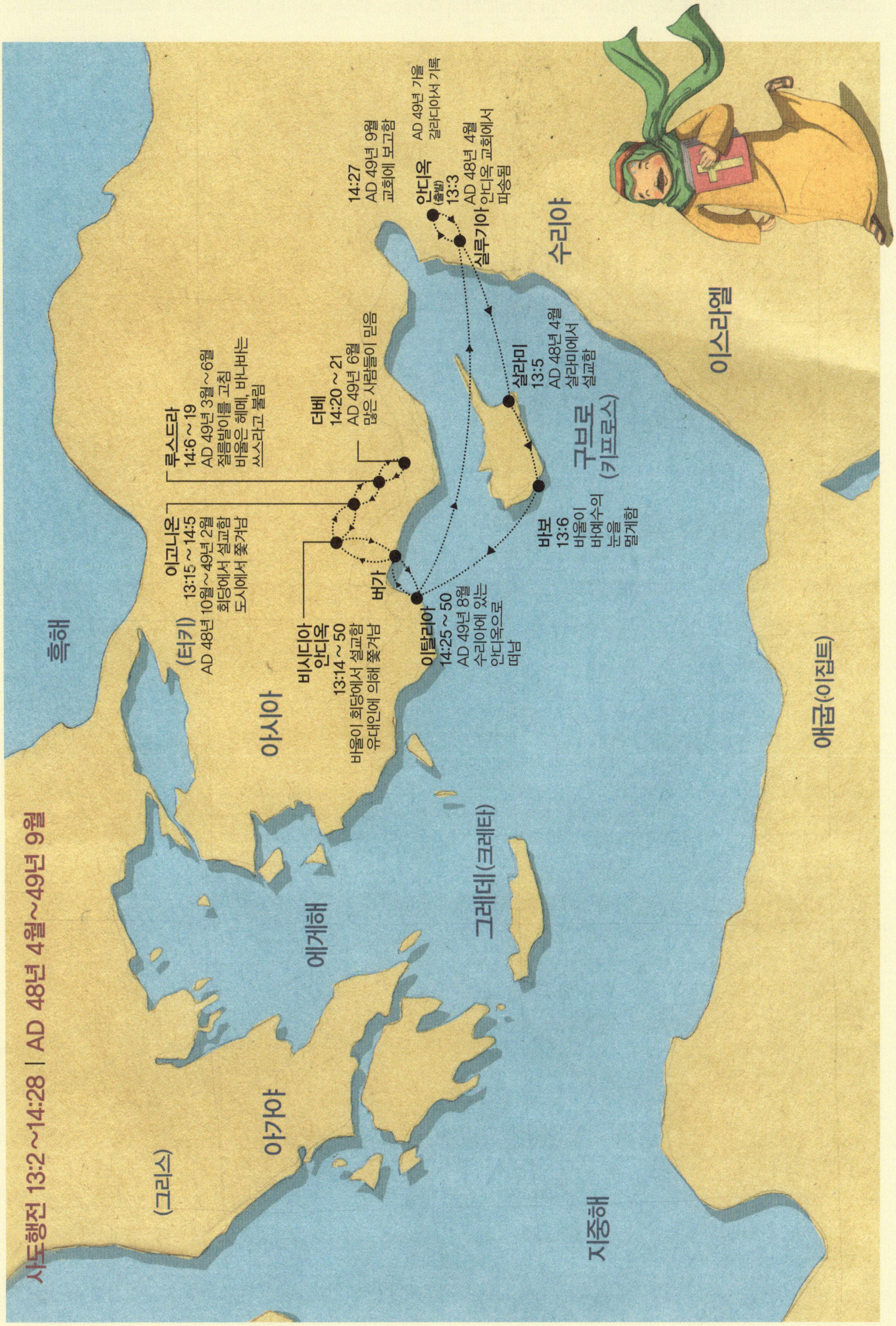

바울의 제1차 전도 여행 사도행전 13:1~14:28

지도를 잘 보고 아래의 성경 구절을 찾으며 바울의 1차 전도 여행 도시들을 적어 보세요.

4과

바울의 첫 번째 전도 여행

사도행전 13~15장

이방인들이 듣고 기뻐하여 하나님의 말씀을 찬송하며 영생을 주시기로 작정된 자는 다 믿더라 　사도행전 13:48

안디옥 교회는 이방인을 전도하기 위한 선교의 중심지였습니다. 바나바를 비롯해서 여러 명의 교사들이 있었죠. 안디옥 교회는 성령 하나님의 인도하심을 받고 사울과 바나바를 선교사로 파송하게 됩니다. 그리고 이 두 명의 선교사를 통해서 오늘날 유럽 지역의 많은 사람들이 복음을 믿게 되었습니다.

이 두 사람은 가는 곳마다 진정한 구원은 모세의 율법에서 말하는 할례에 있지 않고 오직 우리 죄를 사하시기 위해 십자가에서 죽으신 예수님에게만 있다는 것을 담대하게 외쳤습니다.

✝ 바보에서 만난 거짓 선지자, 바예수

1 안디옥 교회는 성령 하나님의 인도하심으로 누구를 선교사로 파송하게 되었나요? (사도행전 13:2-3)

□□ 과 □□□

2 처음으로 도착한 바보라는 곳에서 누구를 만나게 되나요? (사도행전 13:6-7)

□□□ 과
□□□□□

3 유대인 거짓 선지자, 바예수는 총독 서기오 바울에게 바울이 전하는 하나님의 말씀을 믿지 못하게 했죠. 그러다 결국 바예수는 어떻게 되나요? (사도행전 13:11)

4 이런 기적을 보고 총독 서기오 바울은 어떻게 되었나요? (사도행전 13:12)

✝ 비시디아 안디옥

5 비시디아 안디옥에 도착한 바울과 바나바는 언제 어디에서 말씀을 전했나요?

(사도행전 13:14)

6 바울이 전하는 말씀을 싫어하던 유대인들은 어떻게 했나요?

(사도행전 14:2)

7 반대에 부딪힌 바울과 바나바는 어떻게 했나요? (사도행전 14:3)

8 바울과 바나바가 굴하지 않자 유대인들은 어떻게 했나요? (사도행전 14:5)

9 세상 사람들은 이처럼 하나님의 말씀을 잘 들으려 하지 않습니다. 여러분은 이런 경험이 있나요? 있으면 말해 봅시다.

✝ 루스드라에서 나타난 하나님의 기적

10 바울과 바나바는 왜 루스드라로 갔나요? (사도행전 14:6)

11 루스드라에서 바울과 바나바는 무슨 기적을 나타냈나요? (사도행전 14:8-10)

12 이 일 후에 비시디아 안디옥과 이고니온에서 온 유대인들은 바울과 바나바에게 어떻게 했나요? (사도행전 14:19-22)

13 이렇게 박해를 받으면서도 바울은 제자들에게 뭐라고 말했나요?

(사도행전 14:22)

† 오직 예수님의 은혜로 얻는 구원

14 바울이 첫 번째 전도 여행을 마치고 안디옥으로 돌아왔을 때 문제가 생겼습니다. 무슨 문제였나요? (사도행전 15:1-2)

15 이 문제에 대해서 베드로는 뭐라고 말했나요? (사도행전 15:10-11)

16 야고보는 뭐라고 말했나요? (사도행전 15:19-20)

17 여러분은 어떻게 생각하나요? 천국에 들어가는 방법에는 어떤 것이 있다고 생각하는지 말해 봅시다. 그리고 여러분은 구원 받은 것을 확신하나요? 고백해 봅시다.

18 사도행전 15장 11절 말씀을 외워 봅시다.

복음을 통해 구원받았다는 것을 믿나요? 만약 그렇지 않다면, 믿지 못하게 하는 것이 무엇인지 적어 봅시다. 그리고 그것을 쓰레기통에 버립시다. 또 내가 믿는 복음을 누구에게 전할 것인지 정해 봅시다.

★ **준비물** 각 반별로 아이들 숫자만큼 다른 색깔의 종이(초등부에서 준비해 준다.)

★ **방법**

① 내가 버려야 할 행동과 실천해야 할 행동을 종이에 적습니다.

② 적은 후 준비된 '행동의 쓰레기통'에 종이를 넣습니다.

③ 그리고 한 주 동안 다짐한 것을 지킵니다. 잘 지키면 '행동의 쓰레기통'에서 꺼내 종이를 '실천의 보석함'으로 옮깁니다. 지키지 못했으면, 계속 '행동의 쓰레기통'에 넣어둡니다.

버려야 할 행동	실천해야 할 행동

기도는 하나님께 구하는 것이 다가 아니라 하나님의 마음을 읽고 듣는 시간이기도 합니다. 나의 고민과 친구들의 고민을 하나님께 기도하세요. 그리고 조용히 하나님의 말씀에 귀 기울여 보세요. 분명히 응답해 주십니다.

요 일	친 구	기 도 제 목
일		
월		
화		
수		
목		
금		
토		

특별히 중보기도가 필요한 사람이 주위에 있나요?

그들에게 숨은 천사가 되어 주세요. 여러분의 기도는 놀라운 힘을 발휘한답니다!

나의 기도가 필요한 사람	기 도 제 목

예수님의 생각을 따라 생각하고, 예수님이 행하신 대로 행동하며, 나보다 남을 위해, 나보다 하나님의 나라를 위해, 나를 자랑하기보다 하나님의 영광을 위해 사는 삶을 위해 다음을 실천해 봅시다.

1 매일 시간을 정해서 하나님과 대화하기

1 나의 이번 주 기도 제목

2 내가 이번 주에 고치기로 다짐한 것

3 나라와 세계를 위한 기도 제목

2 매일 성경 말씀을 읽으며 하나님의 생각과 같은 생각하기

1 설교 말씀을 통해 내가 깨달은 것은?

2 하나님의 자녀로서 세상의 빛과 소금이 되기 위해 실천하기로 다짐한 것은?

년 월 일 (월) 본문 :	
중심 이야기	
줄거리	
느낀 점	
적용하기 & 나의 기도	
바울학교 읽을 말씀	사도행전 15장 36~41절 : "두 번째 여행을 떠나는 바울"

년 월 일 (화) 본문 :	
중심 이야기	
줄거리	
느낀 점	
적용하기 & 나의 기도	
바울학교 읽을 말씀	사도행전 16장 1~10절 : "디모데를 선택한 바울"

년 월 일 (수) 본문 :	
중심 이야기	
줄거리	
느낀 점	
적용하기 & 나의 기도	
바울학교 읽을 말씀	사도행전 16장 11~40절 : "두아디라의 자주장사 루디아"

년 월 일 (목) 본문 :	
중심 이야기	
줄거리	
느낀 점	
적용하기 & 나의 기도	
바울학교 읽을 말씀	사도행전 17장 1~15절 : "베뢰아 전도"

	년 월 일 (금) 본문 :
중심 이야기	
줄거리	
느낀 점	
적용하기 & 나의 기도	
바울학교 읽을 말씀	사도행전 17장 16~34절 : "아덴과 고린도 전도"

	년 월 일 (토) 본문 :
중심 이야기	
줄거리	
느낀 점	
적용하기 & 나의 기도	
바울학교 읽을 말씀	사도행전 18장 1~17절 : "고린도와 에베소 전도"

바울학교를 위해, 하나님과 나와의 관계를 위해 사용하는 시간을 계획해 봐요.

● 지킨 것: 녹색   ● 지키지 못한 것: 빨강색   ● 취소한 것: 노란색

사도행전 15:36~18:22
AD 50년 4월~52년 9월

빌립보
16:12~40
AD 50년 8월~10월
루디아가 믿게 됨
귀신들린 점쟁이
바울이 옥에 갇힘
하나님께서 풀어주심

흑해

네압볼리

데살로니가
17:1~9
AD 50년 11월~51년 1월
안식일에 회당에서 강론함
떠나기를 강요당함

아볼로니아

(터키)

아시아

드로아
16:9
AD 50년 7월
마게도니아인에
대한 환상

베뢰아
17:10~15
AD 51년 2월
많은 사람들이
믿음을 갖게 됨
유대인들이 바울을
쫓아낼려고 소동함

에게해

16:4
AD 50년 6월~7월
예루살렘 공회의
규례를 지키게함

루스드라
16:1~3
AD 50년 5월
바울, 디모네를 만남

안디옥
이고니온
더베

(그리스)

아가야

아덴
17:16~34
AD 51년 9월
바울이 '알지 못하는
신'에 대해 증거함

에베소
18:19~21
AD 52년 9월
회당에서 토론함

15:40
AD 50년 4월
안디옥을 떠남

안디옥(출발)
18:22
AD 50년 11월
믿는 자들을
굳게 함

고린도
18:1~18
AD 51년 3월~52년 9월
바울이 회당에서 강론함
유대인을 배척함
바울이 이방인들에 대해 강조함
총독 '갈리오' 의해 무죄로
판결받음

겐그리아

그레데(크레타)

구브로
(키프로스)

수리야

지중해

시돈
두로

이스라엘

가이사랴

예루살렘
18:22
AD 52년 9월
교회에 안부를 물음

애굽(이집트)

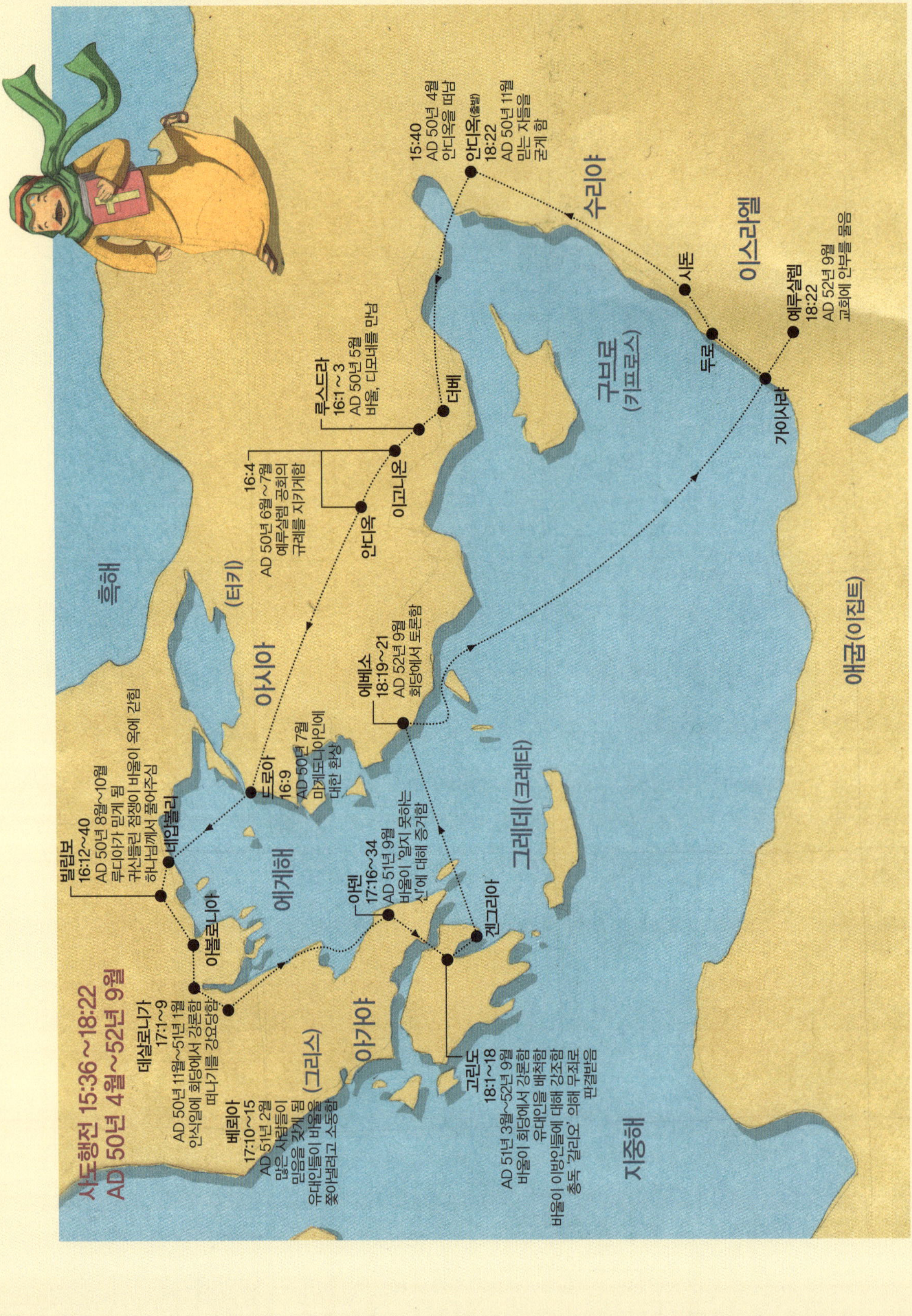

바울의 제2차 전도 여행 사도행전 13:1~14:28

지도를 잘 보고 아래의 성경 구절을 찾으며 바울의 2차 전도 여행 도시들을 적어 보세요.

5과

바울의 두 번째 전도 여행

사도행전 15~18장

이르되 주 예수를 믿으라 그리하면 너와 네 집이 구원을 받으리라 하고 주의 말씀
을 그 사람과 그 집에 있는 모든 사람에게 전하더라 ▪ 사도행전 16:31-32

바울은 첫 번째 전도 여행이 끝난 후, 예루살렘에서 열린 회의의 결과를 가지고 다시 안디옥으로 돌아갔습니다. 그리고 두 번째 전도 여행길에 오르게 되었죠. 하지만 바울을 기다리고 있는 것은 환영이 아니라 하나님의 말씀, 복음이 전파되는 것을 막기 위한 유대인들이었습니다. 유대인들의 반대가 너무 강했기 때문에 바울은 두려워했습니다. 하지만 하나님은 두려워하는 바울에게 용기와 희망의 말씀을 주셨습니다. 우리의 앞길에도 이와 같이 우리를 막으려는 사람들이 서서 우리를 괴롭히지만 두려워할 필요가 전혀 없습니다. 왜 그럴까요? 지금부터 그 이유를 찾아 여행을 떠나봅시다.

✝ 로마 사람들도 받을 수 있는 복음

1 성령 하나님은 무시아에서 바울에게 환상을 보여 주셨습니다. 바울은 이 환상을 보고 어디로 갔나요? (사도행전 16:10)

☐ ☐ ☐ ☐

2 마게도냐 지역의 첫 성, 빌립보에서 바울은 무슨 일로 감옥에 가게 되었나요?

(사도행전 16:16-20)

3 감옥에 갇힌 바울과 실라가 하나님을 찬양하던 중에 감옥 문이 열리게 되었습니다. 그러자 간수는 두 사람이 도망한 줄 알고 자살하려 합니다. 그 때 바울은 간수에게 어떻게 했나요? (28절) 그리고 그 간수와 가족들은 어떻게 되었나요?
(사도행전 16:30-34)

4 바울과 실라를 로마 법정에 고소한 죄목은 무엇입니까? (사도행전 16:21)

5 하지만 받지도 못할 풍습인 복음은 어떻게 되었나요? (사도행전 16:34)

✝ 헬라 세계에 울려 퍼진 복음

6 바울과 실라가 데살로니가와 유대인의 회당에서 복음을 전할 때, 어떤 사람들이 복음을 받아들이고 어떤 사람들이 받아들이지 않게 되었나요? (사도행전 17:4-5)

7 유대인들이 일으킨 소동으로 바울과 실라는 어디로 가게 되었나요?

(사도행전 17:10)

8 베뢰아 사람들의 특징을 적어 보세요. (사도행전 17:11)

9 베뢰아에서도 유대인들이 복음을 전하지 못하게 하려고 소동을 일으키자 바울
은 실라와 헤어져서 혼자 어디로 가나요? (사도행전 17:14-15)

10 우상이 많은 아덴에서 바울이 복음을 전하자 아덴 사람들은 어떻게 반응했나
요? (사도행전 17:32)

✝ 바울을 보호하시는 하나님

11 고린도에서 바울은 밤에 환상을 보게 됩니다. 환상 가운데서 하나님은 바울에게 무슨 말씀을 하셨나요? (사도행전 18:9-10)

12 고린도에서 유대인들이 바울을 잡아서 로마의 총독, 갈리오에게 고소를 합니다. 이 재판에서 바울은 어떻게 되나요? (사도행전 18:14-17)

13 하나님의 말씀을 가진 사람들을 마귀는 가만히 두지 않습니다. 여러분도 바울처럼 하나님의 도우심으로 어려움을 이겨낸 적이 있으면 말해 봅시다.

14 사도행전 18장 9~10절을 적고 외워 봅시다.

바울은 전도할 때 많은 어려움을 겪었습니다. 특히 그의 동족 유대인들은 바울을 시기하여 전도의 문을 막으려 안간힘을 썼답니다. 나는 전도하고 있나요? 혹시 다른 전도를 방해하지는 않았나요? 하나님의 자녀로서 내가 버려야 할 것과 힘들어도 해야 할 일은 무엇일까요?

★ **준비물** 각 반별로 아이들 숫자만큼 다른 색깔의 종이(초등부에서 준비해 준다.)

★ **방법**

① 내가 버려야 할 행동과 실천해야 할 행동을 종이에 적습니다.

② 적은 후 준비된 '행동의 쓰레기통'에 종이를 넣습니다.

③ 그리고 한 주 동안 다짐한 것을 지킵니다. 잘 지키면 '행동의 쓰레기통'에서 종이를 꺼내 '실천의 보석함'으로 옮깁니다. 지키지 못했으면 계속 '행동의 쓰레기통'에 넣어둡니다.

버려야 할 행동	실천해야 할 행동

기도는 하나님께 구하는 것이 다가 아니라 하나님의 마음을 읽고 듣는 시간이기도 합니다. 나의 고민과 친구들의 고민을 하나님께 기도하세요. 그리고 조용히 하나님의 말씀에 귀 기울여 보세요. 분명히 응답해 주십니다.

요 일	친 구	기 도 제 목
일		
월		
화		
수		
목		
금		
토		

특별히 중보기도가 필요한 사람이 주위에 있나요?

그들에게 숨은 천사가 되어 주세요. 여러분의 기도는 놀라운 힘을 발휘한답니다!

나의 기도가 필요한 사람	기 도 제 목

예수님의 생각을 따라 생각하고, 예수님이 행하신 대로 행동하며, 나보다 남을 위해, 나보다 하나님의 나라를 위해, 나를 자랑하기보다 하나님의 영광을 위해 사는 삶을 위해 다음을 실천해 봅시다.

1 매일 시간을 정해서 하나님과 대화하기

1 나의 이번 주 기도 제목

....

2 내가 이번 주에 고치기로 다짐한 것

....

3 나라와 세계를 위한 기도 제목

....

2 매일 성경 말씀을 읽으며 하나님의 생각과 같은 생각하기

1 설교 말씀을 통해 내가 깨달은 것?

....

2 하나님의 자녀로서 세상의 빛과 소금이 되기 위해 실천하기로 다짐한 것?

....

	년 월 일 (월) 본문 :
중심 이야기	
줄거리	
느낀 점	
적용하기 & 나의 기도	
바울학교 읽을 말씀	사도행전 19장 21~41절 : "세 번째 전도 여행을 떠나는 바울"

	년 월 일 (화) 본문 :
중심 이야기	
줄거리	
느낀 점	
적용하기 & 나의 기도	
바울학교 읽을 말씀	사도행전 19장 1~20절 : "에베소에 간 바울"

	년 월 일 (수) 본문 :
중심 이야기	
줄거리	
느낀 점	
적용하기 & 나의 기도	
바울학교 읽을 말씀	사도행전 19장 21~41절 : "에베소에서 일어난 소동"

	년 월 일 (목) 본문 :
중심 이야기	
줄거리	
느낀 점	
적용하기 & 나의 기도	
바울학교 읽을 말씀	사도행전 20장 1~12절 : "마게도냐와 아가야를 방문한 바울"

년 월 일 (금) 본문 :	
중심 이야기	
줄거리	
느낀 점	
적용하기 & 나의 기도	
바울학교 읽을 말씀	사도행전 20장 13~16절 : "드로아에서 밀레도까지"

년 월 일 (토) 본문 :	
중심 이야기	
줄거리	
느낀 점	
적용하기 & 나의 기도	
바울학교 읽을 말씀	사도행전 20장 17~38절 : "바울의 고별 연설"

바울학교를 위해, 하나님과 나와의 관계를 위해 사용하는 시간을 계획해 봐요.
● 지킨 것: 녹색　● 지키지 못한 것: 빨강색　● 취소한 것: 노란색

주기철 목사님의 생애

일제 시대에 일본 순사들의 핍박에도 굴하지 않고 꿋꿋하게 기독교 신앙을 지키며 순교한 주기철 목사님의 생애에 대해서 알아 봅시다. 그리고 느낀 점을 적어 봅시다.

● 참고. 『만화로 보는 나의 아버지 순교자 주기철 목사』(주광조 원작, JCR kids)

사도행전 15:36~18:22 | AD 50년 4월~52년 9월
안디옥(수리) 18:22 AD 53년으로 안디옥으로 떠남
18:23 AD 53년 봄~여름 바울이 길리디아 교회들을 방문함
길리기아
수리아
이스라엘
갈라디아
밤빌리아
두로 21:4 AD 57년 3월 9일~14일 형제들을 방문함
예루살렘 21:17 AD 57년 5월 27일 교회가 영접함
가이사랴 21:8~16 AD 57년 5월 17일~25일 빌립과 함께 머무름
돌레마이스 21:7 AD 57년 5월 형제들에게 안부를 물음
구브로(키프로스)
바다라 21:1 AD 57년 5월 4일
로데
고스
밀레도 20:17 AD 57년 4월 29일~5월 2일 바울이 에베소의 장로들과 만남
루기아
(터키)
드로아 20:6~12 AD 57년 4월 19일~25일 바울이 강론 중에 졸다가 떨어져 죽은 유두고를 살림
그레데(크레타)
에베소 19:1~20:1 AD 53년 9월~58년 5월 두란노서원에서 강론함 폭동으로 인해 떠남 AD 56년 초봄 고린도전서 기록
밋소
앗소
미둘레네
아덴
지중해
흑해
에게해
아가야
(그리스)
네압볼리 20:6 AD 57년 4월 6일~14일 드로아로 떠남
빌립보
암비볼리
데살로니가 20:1 AD 56년 8월~11월 바울이 마케도니아를 방문함
베뢰아
이볼로니아 20:1
AD 56년 9월~10월 고린도후서 기록
고린도 20:2~3 AD 56년 11월~57년 2월 바울이 석달동안 헬라에 머무름
AD 56년~57년 겨울 로마서 기록

바울의 제3차 전도 여행

지도를 잘 보고 아래의 성경 구절을 찾으며 바울의 3차 전도 여행 도시들을 적어 보세요.

6과

바울의 세 번째 전도 여행

사도행전 18~21장

이와 같이 주의 말씀이 힘이 있어 흥왕하여 세력을 얻으니라 ▪ 사도행전 19:20

바울은 이제 세 번째 전도여행을 떠나게 됩니다. 하지만 첫 번째와 두 번째 전도 여행에서와 마찬가지로 유대인들은 바울을 환영하지 않고 괴롭혀서 복음을 전하지 못하게 하려고 혈안이 되어 있었습니다. 하지만 하나님의 복음으로 담대해진 바울은 유대인들의 반대와 핍박에 굴하지 않고 복음을 전하는 일을 끝까지 완수해 냈습니다. 그리고 예루살렘으로 돌아가기 전에 에베소 교회의 장로님들을 불러 모았습니다. 바울은 지금까지의 전도 여행에 대해서 말하고 앞으로 자신이 어떻게 해야 하는지에 대해서 알립니다.

✝ 아볼로는 심었고 나는 물을 주었으되…

1 에베소에 복음을 전한 아볼로는 어떤 사람인가요? (사도행전 18:24-25)

....

....

....

2 바울이 볼 때, 아볼로의 12제자들에게는 한 가지가 빠져 있었습니다. 그것은 무엇인가요? (사도행전 18:25, 19:1-7)

....

....

....

3
바울이 아볼로의 제자들에게 세례를 줄 때 어떤 일이 일어납니까? (사도행전 19:5-7)

....

....

4
에베소에서 바울은 상당히 많은 시간을 보냈습니다. 회당에서 말씀을 전하던 바울이 이곳으로 옮겨 2년 동안 강론을 했다고 합니다. 어디인가요? (사도행전 19:9)

☐ ☐ ☐ ☐ ☐

5
바울이 두란노 서원에서 2년 동안 강론할 때, 어떤 일이 일어납니까?

(사도행전 19:10)

....

....

6
하나님께서 바울에게 희한한 능력을 주셨습니다. 이 능력으로 어떤 일이 일어났나요? (사도행전 19:14-16)

....

....

7
이 일로 에베소 사람들은 어떻게 되었나요? (사도행전 19:17-20)

....

....

✝다시 찾은 마게도냐

8 바울이 에베소를 떠나 어디로 가고자 했나요? (사도행전 20:1-3)

....

....

9 바울이 방문한 드로아에서 어떤 일이 일어났나요? (사도행전 20:7-11)

....

....

....

10 이 일은 드로아 사람들에게 어떤 영향을 미치게 되었나요? (사도행전 20:12)

....

....

....

✝주 예수께 받은 사명을 위하여

11 바울이 밀레도에서 에베소의 장로들을 불러 모아 예루살렘으로 돌아갈 것을 얘기합니다. 바울은 예루살렘에서 무슨 일이 있을 것이라고 했나요?

(사도행전 20:22-23)

12 결박과 환난이 기다리고 있지만 바울은 어떤 결심을 합니까?

(사도행전 20:24, 참고, 21:13)

13 바울은 에베소 장로들에게 어떤 당부의 말을 남기나요? (사도행전 20:28-35)

예수님이 우리에게 믿음을 주실 때는 특별한 사명도 주십니다. 그리고 그 사명을 이루기 위해서는 결심이 필요합니다. 여러분이 지금 해야 할 일과 이제는 그만두어야 할 일이 무엇인지 다짐하고 적어 봅시다.

★ **준비물** 각 반별로 아이들 숫자만큼 다른 색깔의 종이(초등부에서 준비해 준다.)

★ **방법**

① 내가 버려야 할 행동과 실천해야 할 행동을 종이에 적습니다.

② 적은 후 준비된 '행동의 쓰레기통'에 종이를 넣습니다.

③ 그리고 한 주 동안 다짐한 것을 지킵니다. 잘 지키면 '행동의 쓰레기통'에서 종이를 꺼내 '실천의 보석함'으로 옮깁니다. 지키지 못했으면 계속 '행동의 쓰레기통'에 넣어둡니다.

버려야 할 행동	실천해야 할 행동

아무도 보지 않는 곳에서

강명식 사,곡(강명식 2집 앨범 중에서)

아무도 보지 않는 곳에서 나 거룩하기 원해
아무도 보지 않는 곳에서 나 정결하기 원해
나 오직 내 주님 앞에서 순결하기 원해
나 오직 내 주님 앞에서 아름답기 원해

내가 어떻게 악을 행하여 하나님께 범죄하리까
그 아무도 보는 이 없어도 결코 죄와 타협하지 않고
자기를 지킨 젊은 요셉처럼 나 정결하게 살기 원해
그 아무도 보는 이 없어도 나 거룩하게 살기 원해

하나님의 뜻 이것이니 우리의 거룩함이라
음란한 버리고 존귀함으로 주의 얼굴 보기 원해
하나님의 뜻 바로 이것이니 나 그 뜻대로 살기 원해
부정함 버리고 거룩함으로 나 주의 얼굴 보기 원해

{ 하나님의 마음! 나의 마음!

기도는 하나님께 구하는 것이 다가 아니라 하나님의 마음을 읽고 듣는 시간이기도 합니다. 나의 고민과 친구들의 고민을 하나님께 기도하세요. 그리고 조용히 하나님의 말씀에 귀 기울여 보세요. 분명히 응답해 주십니다.

요 일	친 구	기 도 제 목
일		
월		
화		
수		
목		
금		
토		

특별히 중보기도가 필요한 사람이 주위에 있나요?

그들에게 숨은 천사가 되어 주세요. 여러분의 기도는 놀라운 힘을 발휘한답니다!

나의 기도가 필요한 사람	기 도 제 목

예수님의 생각을 따라 생각하고, 예수님이 행하신 대로 행동하며, 나보다 남을 위해, 나보다 하나님의 나라를 위해, 나를 자랑하기보다 하나님의 영광을 위해 사는 삶을 위해 다음을 실천해 봅시다.

1 매일 시간을 정해서 하나님과 대화하기

1 나의 이번 주 기도 제목

2 내가 이번 주에 고치기로 다짐한 것

3 나라와 세계를 위한 기도 제목

2 매일 성경 말씀을 읽으며 하나님의 생각과 같은 생각하기

1 설교 말씀을 통해 내가 깨달은 것은?

2 하나님의 자녀로서 세상의 빛과 소금이 되기 위해 실천하기로 다짐한 것은?

	년 월 일 (월) 본문 :
중심 이야기	
줄거리	
느낀 점	
적용하기 & 나의 기도	
바울학교 읽을 말씀	사도행전 25장 1~27절 : "가이사에게 상소하는 바울"

	년 월 일 (화) 본문 :
중심 이야기	
줄거리	
느낀 점	
적용하기 & 나의 기도	
바울학교 읽을 말씀	사도행전 21장 27~22장 29절 : "성전에서 잡힌 바울"

	년 월 일 (수) 본문 :
중심 이야기	
줄거리	
느낀 점	
적용하기 & 나의 기도	
바울학교 읽을 말씀	사도행전 22장 30~23장 35절 : "가이사랴로 호송된 바울"

	년 월 일 (목) 본문 :
중심 이야기	
줄거리	
느낀 점	
적용하기 & 나의 기도	
바울학교 읽을 말씀	사도행전 24장 1~27절 : "총독 앞에 선 바울"

<table>
<tr><td colspan="2">년   월   일 (금)   본문 :</td></tr>
<tr><td>중심 이야기</td><td></td></tr>
<tr><td>줄거리</td><td></td></tr>
<tr><td>느낀 점</td><td></td></tr>
<tr><td>적용하기
&
나의 기도</td><td></td></tr>
<tr><td>바울학교 읽을 말씀</td><td>사도행전 25장 1~27절 : "가이사에게 상소하는 바울"</td></tr>
</table>

<table>
<tr><td colspan="2">년   월   일 (토)   본문 :</td></tr>
<tr><td>중심 이야기</td><td></td></tr>
<tr><td>줄거리</td><td></td></tr>
<tr><td>느낀 점</td><td></td></tr>
<tr><td>적용하기
&
나의 기도</td><td></td></tr>
<tr><td>바울학교 읽을 말씀</td><td>사도행전 26장 1~32절 : "아그립바 앞에 선 바울"</td></tr>
</table>

바울학교를 위해, 하나님과 나와의 관계를 위해 사용하는 시간을 계획해 봐요.

● **지킨 것**: 녹색　　● **지키지 못한 것**: 빨강색　　● **취소한 것**: 노란색

과제 6
독후감

조선을 사랑한 의사 닥터 홀

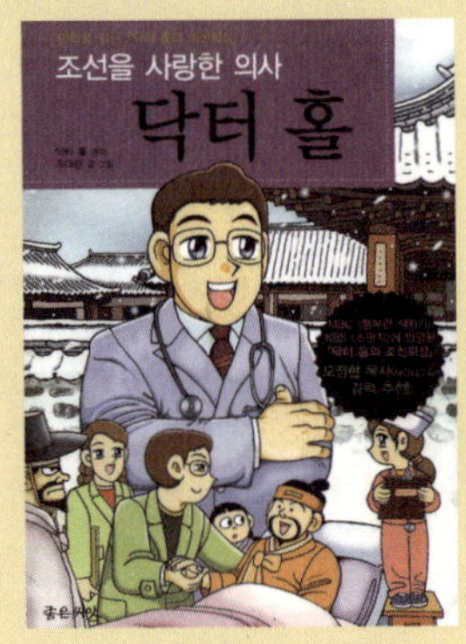

한국인을 위해 헌신한 닥터 홀의 삶과 신앙을 아이들이 이해하기 쉽게 만화로 재구성했습니다. 닥터 홀이 한국에서 겪은 다양한 사건사고를 보여 줌으로써, 하나님에게 순종하는 길을 제시합니다. 아울러 한국 선교 100여 년의 역사를 읽을 수 있습니다.(출판사: 좋은씨앗)

법정에 선 바울

사도행전 21~26장

이것으로 말미암아 나도 하나님과 사람에 대하여 항상 양심에 거리낌이 없기를 힘

쓰나이다 ■ 사도행전 24:16

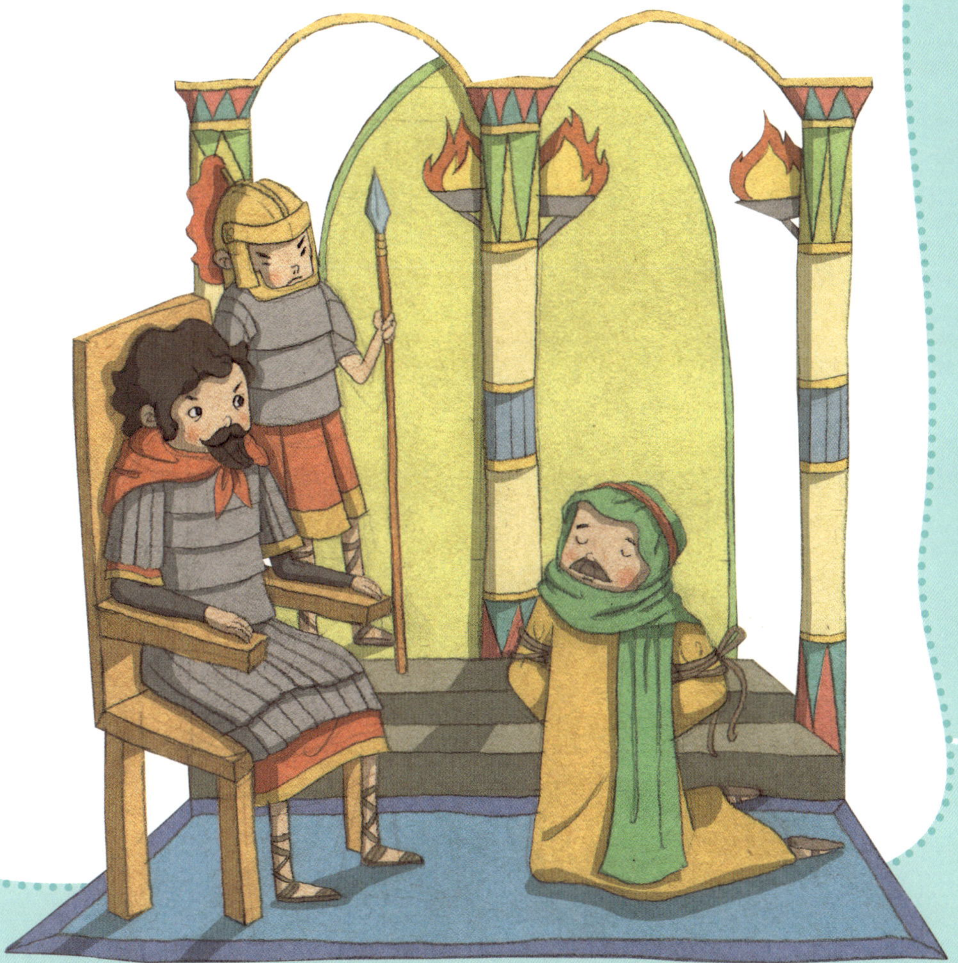

세 번째 전도 여행까지 마친 바울은 여러 사람들이 말렸지만 다시 예루살렘으로 돌아가겠노라고 굳은 결심을 하였습니다. 결국 바울은 예루살렘에 돌아가서 유대인들에게 잡혀서 재판을 받게 됩니다. 그 당시에는 재판을 받는 것만으로 자기의 명예가 땅에 떨어진다고 생각하는 시대였습니다. 하지만 성경을 통해서 바울이 받은 재판을 보면 누가 유죄이고 누가 무죄인지를 분명히 알 수 있습니다.

유대인들은 바울을 없애기 위해 바울의 유죄를 증명하기보다는 온갖 말도 안 되는 억지를 부렸습니다. 그리고 유대인들의 마음을 사기 위해 수단과 방법을 가리지 않았습니다. 이들의 모습을 보면서 누가 더욱 명예로운지를 잘 알 수 있습니다.

✝ 하나님 앞에서 담대히 서라

1 예루살렘에서 바울에게 어떤 일이 일어날 것이라 예언되었나요? (사도행전 21:10-11)

....

....

....

2 이 예언에도 불구하고 바울은 어떻게 결심하나요? (사도행전 21:13)

....

....

3 바울이 유대인들에게 잡혀서 매를 맞게 되었습니다.

이유는 무엇인가요? (사도행전 21:28-29)

4 이 때 천부장이 소식을 듣고 달려와서 바울을 데려갑니다. 바울은 끌려가는 중
에도 어떤 모습을 보였습니까? (사도행전 22:1-21)

5 천부장은 정죄되지도 않은 바울을 심문하고자 했습니다. 그 때 바울은 어떠했습
니까? 그리고 반대로 천부장의 모습은 어떠했습니까? (사도행전 22:25-29)

6 바울이 예루살렘에서 고난을 겪는 이유는 무엇일까요? (사도행전 23:11)

7 사도행전 24~25장을 보고 누가 더 불법적이고 수치스러운지 말해 보세요.

8 유대의 총독 베스도 앞에 서게 된 바울의 죄는 무엇인가요? (사도행전 25:7)

9 베스도는 누구의 편이었나요? 그리고 왜 그렇게 했나요? (사도행전 25:9)

10 이에 대해 바울은 어떻게 대응했나요? (사도행전 25:10-11)

11 아그립바 왕 앞에 선 바울은 어떤 모습이었나요? (사도행전 26:25-29)

12 당당한 바울에 비해 아그립바나 베스도는 어떤 모습이었나요?

(사도행전 26:30-32)

✝ 땅 끝까지 복음을 전하기 위하여

13 다음 성경을 읽고 공통점을 찾아 보세요.

★ 사도행전 23:29
★ 사도행전 25:25
★ 사도행전 26:31

14 바울은 어떻게 해서 로마로 가게 되었나요? (사도행전 23:11, 25:11)

마귀는 하나님의 일을 포기하도록 바울을 유혹하고 어떨 때에는 위협하기도 합니다. 그러나 바울은 어떠한 고난 가운데서도 자기가 해야 할 일을 잊지 않았습니다. 바울처럼 하나님 때문에 받은 고난을 이기고 말씀대로 살기 위해 내가 버려야 할 것과 다짐해야 할 것을 정해 봅시다. 하나님은 여러분이 바울과 같이 행하기를 원하고 계세요.

★ **준비물** 각 반별로 아이들 숫자만큼 다른 색깔의 종이(초등부에서 준비해 준다.)

★ **방법**

① 내가 버려야 할 행동과 실천해야 할 행동을 종이에 적습니다.

② 적은 후 준비된 '행동의 쓰레기통'에 종이를 넣습니다.

③ 그리고 한 주 동안 다짐한 것을 지킵니다. 잘 지키면 '행동의 쓰레기통'에서 종이를 꺼내 '실천의 보석함'으로 옮깁니다. 지키지 못했으면, 계속 '행동의 쓰레기통'에 넣어둡니다.

버려야 할 행동	실천해야 할 행동

기도는 하나님께 구하는 것이 다가 아니라 하나님의 마음을 읽고 듣는 시간이기도 합니다. 나의 고민과 친구들의 고민을 하나님께 기도하세요. 그리고 조용히 하나님의 말씀에 귀 기울여 보세요. 분명히 응답해 주십니다.

요 일	친 구	기 도 제 목
일		
월		
화		
수		
목		
금		
토		

특별히 중보기도가 필요한 사람이 주위에 있나요?

그들에게 숨은 천사가 되어 주세요. 여러분의 기도는 놀라운 힘을 발휘한답니다!

나의 기도가 필요한 사람	기 도 제 목

예수님의 생각을 따라 생각하고, 예수님이 행하신 대로 행동하며, 나보다 남을 위해, 나보다 하나님의 나라를 위해, 나를 자랑하기보다 하나님의 영광을 위해 사는 삶을 위해 다음을 실천해 봅시다.

1 매일 시간을 정해서 하나님과 대화하기

1 나의 이번 주 기도 제목

2 내가 이번 주에 고치기로 다짐한 것

3 나라와 세계를 위한 기도 제목

2 매일 성경 말씀을 읽으며 하나님의 생각과 같은 생각하기

1 설교 말씀을 통해 내가 깨달은 것은?

2 하나님의 자녀로서 세상의 빛과 소금이 되기 위해 실천하기로 다짐한 것은?

{ 말씀대로 살아요!

	년　월　일 (월)　본문 :
중심 이야기	
줄거리	
느낀 점	
적용하기 & 나의 기도	
바울학교 읽을 말씀	사도행전 27장 1~26절 : "광풍을 만나다"

	년　월　일 (화)　본문 :
중심 이야기	
줄거리	
느낀 점	
적용하기 & 나의 기도	
바울학교 읽을 말씀	사도행전 27장 27~44절 : "신뢰를 얻는 바울"

	년 월 일 (수) 본문:
중심 이야기	
줄거리	
느낀 점	
적용하기 & 나의 기도	
바울학교 읽을 말씀	사도행전 28장 1~16절 : "멜리데 섬에 도착한 바울"

	년 월 일 (목) 본문:
중심 이야기	
줄거리	
느낀 점	
적용하기 & 나의 기도	
바울학교 읽을 말씀	사도행전 28장 17~22절 : "로마에 도착한 바울"

	년　　월　　일 (금)　본문 :
중심 이야기	
줄거리	
느낀 점	
적용하기 & 나의 기도	
바울학교 읽을 말씀	사도행전 28장 23~31절 : "로마에 울려 퍼지는 복음"

	년　　월　　일 (토)　본문 :
중심 이야기	
줄거리	
느낀 점	
적용하기 & 나의 기도	
바울학교 읽을 말씀	사도행전 27장 1절 ~ 28장 31절 : "복습(로마로 가는 바울)"

바울학교를 위해, 하나님과 나와의 관계를 위해 사용하는 시간을 계획해 봐요.

● 지킨 것: 녹색　　● 지키지 못한 것: 빨강색　　● 취소한 것: 노란색

사도행전 15:36~18:22 | AD 50년 4월~52년 9월
갈라디아
무르기아
(터키)
아시아
흑해
에게해
수리아
그니도
27:7
항해하기 어려워짐
구브로
(키프로스)
그레데(크레타)
로데
고스
미항
27:9~10
AD 59년 10월 5일~10일
바울이 항해하지 말것을 경고함
시돈
27:3
AD 59년 8월
바울이 친구들을 만남
두로
돌레마이
가이사랴
23:33
예루살렘
21:27~23:32
AD 57년 6월 2일
바울로 인해 폭동이 일어남
바울이 공회에서 변론함
AD 57년 6월 5일~59년 8월
벨릭스, 베스도, 아그립바에게 심문받음
아가야
(그리스)
이탈리아
시실리아
지중해
레기온
28:13
AD 60년 2월
하루를 지냄
수라구사
28:12
AD 60년 2월
사흘동안 머무름
항구를 만남
고린도
20:2~3
AD 56년 11월~57년 2월
바울이 석달동안 헬라에 머무름
보디올
28:14
AD 60년 2월
형제들과 함께
일주일동안 머무름
압비오
삼관
로마
28:30
AD 60년 2월~62년 3월
로마에서 처음으로 옥에 갇힘
(셋집에 감금됨)
28:15
AD 60년 2월
바울이 형제들을 만남
사역을 계속함

바울의 로마 전도 여행　사도행전 21:17–28:14

지도를 잘 보고 아래의 성경 구절을 찾으며 바울의 로마 전도 여행 도시들을 적어 보세요.

하나님의 말씀 때문에 잘못도 안 했는데 친구들에게 무시를 당하거나 선생님께 혼나 본 적이 있나요? 아니면 하나님의 말씀을 지키기 위해 고통을 당해 본 적이 있나요? 그런 경험을 적어 봅시다. 혹, 이런 고통의 경험이 없었다면 하나님 앞에서 바울과 같은 모습으로 살아갈 것은 다짐하는 편지를 써 봅시다.

8과

로마로 가는 바울

사도행전 27~28장

하나님 나라를 전파하며 주 예수 그리스도에 관한 모든 것을 담대하게 거침없이 가

르치더라 　 사도행전 28:31

바울은 아무런 죄도 없었지만 가이사에게 가겠다고 하였기에 로마행 배를 타게 됩니다. 로마로 가는 길은 너무도 험난했습니다. 하지만 그것은 군인들이 바울의 말을 듣지 않았기 때문입니다. 바울은 하나님의 말을 전했던 것입니다. 결국 폭풍 속에서 죽는다고 모든 것을 포기한 그들을 구해 준 것은 바울이었습니다. 바울은 죄인의 모습으로 배에 올랐으나 배 안에서는 많은 생명을 구해 준 은인이었습니다. 하나님은 하나님의 사람을 사용하여 세상을 살리기를 바라고 계십니다.

† 참된 인도자 바울

1 로마로 가는 뱃길에 어떤 일이 일어나게 됩니까?

(사도행전 27:14-15)

2 모든 사람들이 풍랑 가운데서 희망을 버릴 때에도 바울이 담대할 수 있었던 것은 무엇 때문인가요? (사도행전 27:23-25)

3 여러분에게는 바울과 같이 하나님의 말씀이 그대로 이루어질 것이라는 믿음이 있나요? 있다면 왜 그런 믿음이 있나요?

4 배가 표류하면서 사람들이 보인 여러 가지 모습을 찾아 보세요.
(사도행전 27:14-20)

5 이처럼 세상이 어려울 때 바울이 배를 이끈 것처럼 우리도 이 세상을 이끌어 나 갈 수 있어야 합니다. 그러기 위해서 어떤 것들을 준비해야 할까요?

✝ 멜리데 섬에 상륙한 바울

6 바울은 어느 섬에 상륙하게 되었나요? (사도행전 28:1)

7 바울과 일행들은 섬 원주민들의 도움을 받았습니다. 그 섬에서 바울은 어떤 일을 당하나요? (사도행전 28:2-3)

....

....

8 바울이 독사에 물려도 아무 이상이 없자 섬 사람들은 바울을 뭐라고 부르나요?

(사도행전 28:4-6)

....

....

9 섬의 가장 높은 사람, 보블리오의 아버지는 무슨 병에 걸렸나요? (사도행전 28:8)

....

....

10 바울은 이 병을 무슨 방법으로 치료해서 하나님의 능력을 나타냈나요?

(사도행전 28:8)

....

....

✝ 로마에 울려 퍼지는 복음

11 바울이 로마에 도착한 지 삼 일만에 유대인들을 모았습니다. 그리고 자신이 로마에 온 이유를 뭐라고 말합니까? (사도행전 28:20)

12 로마에 있는 유대인들은 바울에 대해 전혀 들은 적이 없기 때문에 어떻게 하기로 했나요? (사도행전 28:21-22)

13 바울은 유대인들을 모으고 무엇을 하였나요? (사도행전 28:23-28)

14 이에 유대인들은 어떻게 반응을 하였나요? (사도행전 28:24)

이 일 이후 바울은 자기의 집에서 전도를 계속했습니다. 그리고 더 감사한 것은 아무도 전도를 금지하는 사람이 없었다는 것입니다. 하나님께서는 약속하신 대로 로마에도 복음이 울려 퍼질 수 있도록 환경을 만드셨습니다. 그 당시의 땅 끝인 로마에까지 복음이 울려 퍼졌습니다. 오늘날의 땅 끝까지 복음을 전하기 위해 하나님은 누구를 부르고 계실까요? 바로 나입니다. 내가 어떻게 해야 할지 생각해 보고 결심합시다.

★ **준비물** 각 반별로 아이들 숫자만큼 다른 색깔의 종이(초등부에서 준비해 준다.)

★ **방법**

① 내가 버려야 할 행동과 실천해야 할 행동을 종이에 적습니다.

② 적은 후 준비된 '행동의 쓰레기통'에 종이를 넣습니다.

③ 그리고 한 주 동안 다짐한 것을 지킵니다. 잘 지키면 '행동의 쓰레기통'에서 종이를 꺼내 '실천의 보석함'으로 옮깁니다. 지키지 못했으면 계속 '행동의 쓰레기통'에 넣어둡니다.

버려야 할 행동	실천해야 할 행동

기도는 하나님께 구하는 것이 다가 아니라 하나님의 마음을 읽고 듣는 시간이기도 합니다. 나의 고민과 친구들의 고민을 하나님께 기도하세요. 그리고 조용히 하나님의 말씀에 귀 기울여 보세요. 분명히 응답해 주십니다.

요 일	친 구	기 도 제 목
일		
월		
화		
수		
목		
금		
토		

특별히 중보기도가 필요한 사람이 주위에 있나요?

그들에게 숨은 천사가 되어 주세요. 여러분의 기도는 놀라운 힘을 발휘한답니다!

나의 기도가 필요한 사람	기 도 제 목

{ 하나님과 함께 걷는 길

예수님의 생각을 따라 생각하고, 예수님이 행하신 대로 행동하며, 나보다 남을 위해, 나보다 하나님의 나라를 위해, 나를 자랑하기보다 하나님의 영광을 위해 사는 삶을 위해 다음을 실천해 봅시다.

1 매일 시간을 정해서 하나님과 대화하기

1 나의 이번 주 기도 제목

---

2 내가 이번 주에 고치기로 다짐한 것

---

3 나라와 세계를 위한 기도 제목

---

2 매일 성경 말씀을 읽으며 하나님의 생각과 같은 생각하기

1 설교 말씀을 통해 내가 깨달은 것?

---

2 하나님의 자녀로서 세상의 빛과 소금이 되기 위해 실천하기로 다짐한 것?

년　　월　　일 (월)　본문 :	
중심 이야기	
줄거리	
느낀 점	
적용하기 & 나의 기도	
바울학교 읽을 말씀	사도행전 1장 : "예수님의 승천"

년　　월　　일 (화)　본문 :	
중심 이야기	
줄거리	
느낀 점	
적용하기 & 나의 기도	
바울학교 읽을 말씀	사도행전 2장 : "오순절에 임한 성령 하나님"

	년 월 일 (수) 본문 :
중심 이야기	
줄거리	
느낀 점	
적용하기 & 나의 기도	
바울학교 읽을 말씀	사도행전 3~4장 : "사도 베드로"

	년 월 일 (목) 본문 :
중심 이야기	
줄거리	
느낀 점	
적용하기 & 나의 기도	
바울학교 읽을 말씀	사도행전 5장 : "박해받는 사도들"

년 월 일 (금) 본문 :	
중심 이야기	
줄거리	
느낀 점	
적용하기 & 나의 기도	
바울학교 읽을 말씀	사도행전 6~7장 : "스데반 집사의 순교"

년 월 일 (토) 본문 :	
중심 이야기	
줄거리	
느낀 점	
적용하기 & 나의 기도	
바울학교 읽을 말씀	사도행전 8장 : "이방인에게 전해지는 복음"

바울학교를 위해, 하나님과 나와의 관계를 위해 사용하는 시간을 계획해 봐요.

● 지킨 것: 녹색　　● 지키지 못한 것: 빨강색　　● 취소한 것: 노란색

우리가 품어야 할 곳!
예수님의 마음으로…

내가 성장하여 가고자 하는 나라를 생각하고 그곳에 십자가를 그려 봅시다. 그리고 그 나라를 위해 하나님께 기도합시다. 하나님은 여러분의 기도를 반드시 들어 주실 거예요.

바울학교를 마무리하며

그러므로 너희는 가서 모든 민족을 제자로 삼아 아버지와 아들과 성령의 이름으로 세례를 베풀고 내가 너희에게 분부한 모든 것을 가르쳐 지키게 하라 볼지어다 내가 세상 끝날까지 너희와 항상 함께 있으리라 하시니라 ▫ 마태복음 28:19-20

바울이 확실히 믿은 것처럼 하나님의 말씀, 복음은 변할 수 없는 진리입니다. 이 진리를 가진 사람들은 두려움이 없습니다. 세상이 아무리 우리의 진리가 전해지는 것을 막으려 해도 소용이 없습니다. 왜냐하면 진리는 감출 수가 없기 때문이죠. 그것은 하나님의 약속이자 명령이기 때문입니다. 그리고 더 중요한 것은 이 진리를 널리 퍼지게 하고, 변하지 않도록 지켜 주시는 분이 계시기 때문입니다. 그것은 바로 우리의 하나님이십니다.

✝ 사도행전 총정리

우리가 지금까지 배운 사도행전을 다시 정리해 보면 아래와 같이 간단하게 할 수 있습니다. 아래를 사도행전 1장 8절과 비교해 보시기 바랍니다.

1 예수님의 약속은 무엇이었나요? (사도행전 1:1-5)

2 예수님께서 약속하신 것이 어떻게 이루어지는지 찾아 봅시다.

번호	예수님의 약속	이루어진 약속
1	성령이 너희에게 임하시면	(사도행전 2:1-13)
2	너희가 권능을 받고	(사도행전 2:14-3:16)
3	예루살렘과	(사도행전 4:1-37)
4	온 유대와	(사도행전 5:1-7:60)
5	사마리아와	(사도행전 8:1-9:43)
6	땅 끝까지 이르러 내 증인이 되리라	(사도행전 10:1-28:31)

✝ 사도행전의 내용 총정리

3 사도행전의 주인공은 누구 누구인가요?

☐☐☐ 와 ☐☐

4 주인공들이 전한 것은 무엇인가요?

☐☐

5 주인공들이 전하는 복음을 막은 것은 무엇인가요?

6 복음은 방해를 받았지만 결국 어떻게 되었나요?

사람들이 잘못 알고 있었던 하나님의 말씀을 예수님이 이 세상에 직접 오셔서 다시 가르쳐 주셨습니다. 그리고 십자가에 달려 죽으심으로써 우리와 하나님 사이에 막힌 담을 허물어뜨리시고 구원의 길로 인도하셨습니다. 그래서 우리는 예수님만 믿으면 됩니다. 왜냐하면 예수님이 바로 길이요, 진리요, 생명이기 때문이죠. 예수님을 믿고 자기 자신의 잘못을 하나님 앞에서 회개하고 돌아서기만 하면 성령 하나님께서 우리에게 오셔서 변함 없는 진리 가운데로 인도하실 겁니다. 그리고 이 진리를 발견한 기쁨 때문에 우리는 가만히 있을 수 없습니다. 예수님의 약속대로 우리는 땅 끝까지 이 복된 소식을 전하는 사도가 될 것입니다. 이것은 분명한 하나님의 약속입니다. 믿읍시다. 그리고 성령 하나님과 함께 어둠에 빠진 이 세상을 구원의 빛으로 인도합시다. 성령 하나님께서 여러분을 반드시 도와주실 것입니다.

___________________ 부 ___________ 반   이름: ____________________

바울학교를 마치면서 나의 각오를 적어 봅시다. 또한 나의 다짐을 위해 하나님께 기도하는 마음으로 도움을 요청해 봅시다.

☐ ☐ (이)의 전도 여행

한 학기 동안 바울의 전도여행을 통해 예수님의 명령을 지키기로 다짐한 친구들을 축복합니다. 실제로 내 주변에 있는 사람을 전도하기 위해 하나님께 다짐하는 시간을 가져 봅시다.

	이름:	전도할 친구 이름:
전도하기 위해 내가 노력할 점		
하나님께 드릴 SOS기도